DÜRER

Aquarelles et dessins

Friedrich Piel

BIBLIOTHEQUE
de
L'IMAGE

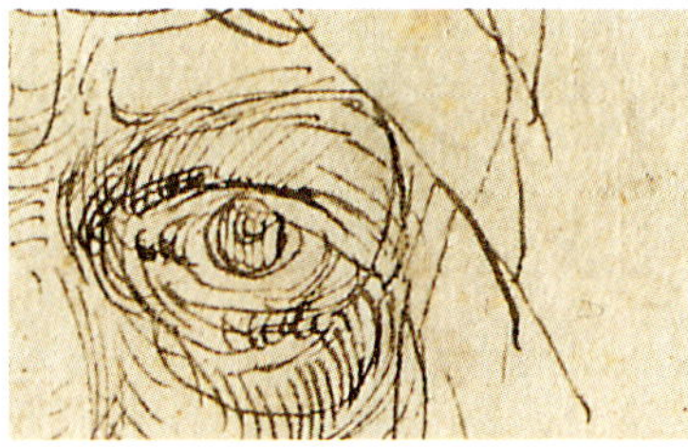

Introduction

Albrecht Dürer, grand maître de l'art allemand, occupe au sein de sa génération une place essentielle. Sa notoriété et son influence ne sont pas limitées aux frontières de son pays et ont eu une grande influence en Europe. Un siècle plus tard, en 1678, le Bolonais Carlo Cesare Malvasia écrit à ce sujet : «Ces grands artistes, qui nous paraissent si riches en idées originales, deviendraient des mendiants s'il leur fallait un jour rendre à Dürer tout ce qu'ils lui ont volé».

Dürer doit sa célébrité au regard intelligent qu'il porte sur le monde et à la manière dont il le traduit en images.

Son œuvre et sa théorie attestent son originalité dans l'organisation rationnelle des formes et leur intégration dans un espace. Ses gravures, surtout, sont largement répandues et appréciées. Il est le seul à surpasser le génie de la peinture antique et est surnommé l'«Apelle de la ligne».

Dürer a écrit que l'artiste «était tout entier habité par des figures». Cette conception reflète non seulement la «conscience qu'il avait de lui-même» et de sa vocation mais met aussi l'accent sur sa «soif de connaissance» axée sur l'organisation raisonnée de la nature vivante.

Son désir d'intégrer à son travail de manière constructive («avec la règle et le compas») ce qu'il ressent devient le moteur de son activité créatrice.

Dürer doit-il sa gloire à son œuvre peint ? Un grand nombre de ces peintures traduisent un certain effort à intégrer la ligne et la couleur. Mais sa créativité dans ce domaine est inhibée par ses commanditaires.

Les dessins et les aquarelles, en revanche, expriment une volonté créatrice non contrariée. Ils nous révèlent, avec plus d'intensité encore que les tableaux et les gravures, la base à la fois technique et proprement personnelle de son «art».

Quand Dürer dit que l'artiste est «tout entier habité par des figures», il se perçoit comme un créateur susceptible de comprendre le monde extérieur. Dans une phrase, il évoque cette curiosité qui est la sienne et qui mène à la connaissance : «Car en vérité, l'art est dans la nature ; celui qui sait l'en extraire le possède». Par la pratique du dessin, l'artiste de la nature peut arracher au monde le secret de ses lois.

L'art de Dürer oscille entre liberté créatrice et nécessité de la forme, entre imagination et construction. Cette dualité s'exprime dans certains tableaux où le dessin est essentiel et la couleur plus accidentelle. Elle se perçoit aussi à travers la comparaison d'œuvres de genres différents, conçues à la même époque : dans ses dessins des années quatre-vingt-dix domine la ligne et dans les aquarelles de paysages créées à la même époque, la couleur !

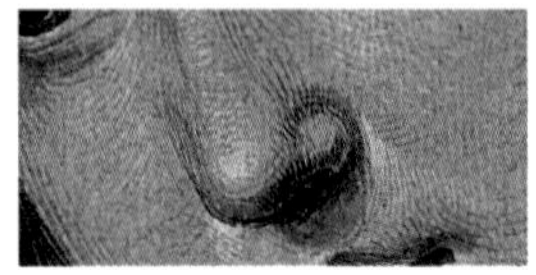
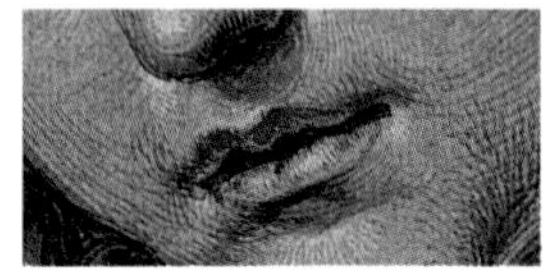

Les Dessins

Dans le dessin, Dürer a pu laisser libre cours à son imagination. Enfant, il découvre déjà dans le monde extérieur des formes cachées ; toute sa vie, son imagination transforme la nature morte en images vivantes.

Pour Dürer le dessin est une reproduction technique mais aussi imagée : le *Rhinocéros* (p. 76) et le *Double Calice* (p. 38).

Il lui permet surtout de comprendre et de traduire en images la physionomie des hommes, des animaux, des plantes, et même de la nature inanimée selon les modalités d'expression qui lui sont propres.

Le dessin lui sert à coucher sur papier son imagination, à découvrir la nature, à reconnaître et à représenter la particularité de chaque élément isolé et son rôle indispensable dans l'édification du monde.

L'art avec lequel sa main fait jaillir de ses compositions de figures linéaires des «images vivantes» se fonde sur une innovation : en mariant la ligne dessinée à son support papier, il obtient une figure qui ne se distingue plus du fond. Ce dernier prend valeur de forme et acquiert une signification et une importance esthétiques. La figure s'enrichit de nouvelles qualités sensuelles tandis que le support (la feuille) devient par inversion la lumière.

Dans cette technique, réside la clé de cette présence inouïe qui émane de ses figures, et face à laquelle sont reléguées au second plan les caractéristiques de l'écriture et la virtuosité du coup de crayon ou de pinceau.

Les autoportraits de Dürer expriment cet effort tendant à unir l'âme artistique et la réalité, et simultanément, une profonde gravité. Déjà dans son premier *Autoportrait de 1484* (p.10), le jeune garçon rêveur, visionnaire, qui se représente, orienté avec concentration sur lui-même, signale au spectateur un objectif indéfini, extérieur au tableau. Dans son *Autoportrait vers 20 ans* (p. 2), la perception qu'il a de son être a pris une nouvelle dimension : le caractère solennel anticipe la facture de l'*Autoportrait de 1500* (Munich).

La faculté précoce de Dürer de sonder par le dessin les types et les gestes humains ne cesse de se développer.

Ses portraits procèdent tous de ce sentiment de simple humanité qui laisse à chaque créature sa place. Ils symbolisent l'anoblissement de l'humble, où toute personne, même de haut rang, est représentée en toute simplicité dans son individualité. Malgré toute la diversité des procédés utilisés pour représenter des humanistes tel que *Erasme de Rotterdam* (p. 85), des patriciens tel que *Ulrich Starck* (p. 86), le cardinal *Albrecht von Brandenburg* (p. 84) ou des «gens humbles» tels un *Nègre* (p. 65) ou sa *Mère* (p. 87), tous ces personnages sont identiques de par la «présence du visage».

Ainsi le dessinateur permet à l'élément le plus insignifiant de capter l'intérêt du spectateur.

Aucun des modèles dont Dürer a fait le portrait ne nous semble laid. Le sens du réel, chez le Maître, forme chacun tel qu'il est. Ces personnages ne souffrent pas du poids des symboles de leur rang, comme cela est le cas dans le maniérisme ; de plus, Dürer leur confère un regard sérieux, détemporalisé, qui cherche un objectif loin de sa présence terrestre : empereur et patricien, humaniste et soldat, paysan et artisan sont unis dans un même avenir qui n'est pas de ce monde.

Ils ont une existence éphémère, orientée sur la mort, qu'un grand nombre de dessins représente dans toute son horreur. Le *Cavalier surpris par la mort* (p. 28) est l'une des variantes visionnaires, éruptives, de la mort subite de l'individu.

Dürer a réalisé plus de mille dessins au cours de sa vie. Certains ont servi de base pour ses tableaux, gravures sur cuivre ou bois, eaux-fortes...

Les Aquarelles

Les aquarelles de Dürer bien que peu nombreuses constituent une étape déterminante dans l'évolution de l'art européen. Elles permettent de découvrir une nouvelle conception de la nature.

Dürer utilise cette technique essentiellement durant deux périodes créatives. La première dure jusqu'en 1496 et est en lien étroit avec son premier voyage en Italie. C'est l'époque des aquarelles de paysages. Les aquarelles d'animaux et de plantes appartiennent à la seconde période. Elles sont créées durant les trois premières années après 1500. En 1506, il réalise avec son étude pour *Le Manteau du pape* (p. 50) la «dernière aquarelle pure», qui est d'ailleurs la seule dont on puisse dire avec certitude qu'elle entre dans la programmation d'un tableau (la *Fête du rosaire*).

Comme ses dessins, ses aquarelles sont des instruments qui servent à découvrir une existence inexplorée qu'il traduit en images.

Les aquarelles de paysages

Les aquarelles de paysages de Dürer, créées pour la plupart lors de son premier voyage en Italie, sont le fruit d'une expérience du proche et du lointain, dans la confrontation avec la nature alpestre.

Elles sont célèbres pour plusieurs raisons. Œuvres uniques, elles font partie des premières «vedute» et témoignent d'une autonomie précoce de l'art de l'aquarelle. Elles sont aussi les symboles d'une nouvelle conception de la nature et du tournant d'une époque. Pour finir, elles reflètent l'expérience du monde que ce voyage italien a imprimé. La *Vue de Nuremberg* (p. 18) est considérée comme la première étude approfondie d'une peinture d'ambiance, le premier clair-obscur abouti de la peinture allemande de paysages, la première vue moderne d'une ville dans le monde de la peinture. On y découvre déjà l'idée du tableau de paysage et le principe du panorama.

Pionnier dans l'art d'utiliser la transparence des glacis, Dürer réussit à rendre les phénomènes de lumière et de reflet : *Innsbruck vue du Nord* (p. 23), *La Ville et Le Château d'Arco* (p. 41), *Montagne welche* (p. 44) et *Dosso di Trento* (p. 42).

Les aquarelles de paysages de Dürer sont des incunables et ont donné naissance aux «vedute». Elles sont aussi des exemples d'un art qui s'appuie entièrement sur le rapport entre couleur et lumière.

L'aquarelle *Moulin à eau dans la montagne* (p. 14) est pourvue d'une valeur symbolique. L'artiste qui y est représenté se sent investi de la mission de transformer la «nature» sous sa forme créative, en «paysages». Dans sa visualisation de l'infini, de l'étendue et de l'immensité, il se penche sur le détail, sur l'élément, aussi petit soit-il, devenu, dans le dessin, lieu géométrique de l'ensemble. L'aquarelle se cristallise en une image du cosmos, dans lequel l'homme n'est qu'un centre relatif.

A partir de la relation entre le proche et le lointain, Dürer fonde un nouveau rapport de l'homme au monde.

En contemplant les *Carrières* (p. 82-83), l'observateur moderne aura plus d'une fois fait le rapprochement avec la peinture de Cézanne. La nature sans forme, sauvage, non encore touchée et cultivée par l'homme, devient digne d'être mise en images. Ces carrières vibrent encore de la manière dont Dürer a ressenti la puissance de la nature alpine. Elles tirent leur valeur de l'expérience du «moi» face à l'immensité de la nature, de la conscience de la mort et de l'éternité.

Ramenée à ses formations élémentaires, même la terre inanimée prend «visage». L'importance de ces aquarelles ne se limite pas à une étude de la nature. Elles s'adressent au ressenti du spectateur et à ses capacités de compréhension : cette impression caractéristique de chute, de bascule, d'instabilité que l'on croit tout d'abord éprouver, est corrigée par un horizon imaginaire qui se forme sous le regard en traversant l'image, et au-dessus duquel la montagne suspendue se dispose par rapport au rocher ascendant comme le reflet par rapport à l'objet reflété.

Les aquarelles d'animaux et de plantes

Les aquarelles d'animaux et de plantes les plus célèbres furent créées avant son deuxième voyage en Italie, donc vers 1505. *Le Lièvre* (p. 66) et *La Grande Touffe d'herbe* (p. 54) en forment le noyau. Elles sont peintes avec une telle finesse de trait que même pour un observateur averti, elles semblent tenir du miracle. Déjà dans ses premières aquarelles, certaines parties sont peintes d'un coup de pinceau extrêmement fin. Toutes sont «dessinées au pinceau».

Dans ses aquarelles d'animaux et de plantes (à l'exception des «touffes d'herbe»), il n'est pas question d'ensembles d'objets mais d'objets isolés.

Dürer marque profondément ses animaux et ses plantes, ses carrières et ses paysages d'une allure qui les élève au rang de «portraits». Il leur donne un visage, ils sont là, nous regardent, se penchent vers nous...

Une des explications réside dans la technique magistrale avec laquelle il les a dessinés en respectant la précision des formes organiques vivantes. Ses images de plantes, surtout, par l'abondance expressive de leurs formes, témoignent d'une conception de la vie selon laquelle la végétation est apparition de la vie dans la lumière : là où il y a des plantes, il y a de la lumière.

Les aquarelles d'animaux ou de plantes exigent de la part du spectateur la plus grande attention et le touchent dans son intérêt pour les sciences naturelles. Mais elles le plongent aussi dans un ravissement, une fascination, causés par ce trompe-l'œil où l'on se demande : l'image de la réalité est-elle plus réelle que la réalité elle-même ?

Ce sont des objets simples mais non pas insignifiants, modestes mais non pas hésitants, petits mais non pas infimes, à qui Dürer a conféré une lisibilité : bien circonscrits, ils sont littéralement nés de la lumière vers laquelle ils se tournent.

Les aquarelles de Dürer n'épousent plus les thèmes sacrés de l'art médiéval mais servent à conférer au monde terrestre une auréole de sainteté. Avec elles, le genre «aquarelle» a connu son premier épanouissement. Elles font partie des sommets de la peinture européenne «autour de 1500».

Dans ses aquarelles de paysages, le Maître renonce en grande partie à la linéarité. Ce faisant, il anticipe des aspects qui depuis Turner et Delacroix sont devenus la norme dans la peinture moderne.

Il privilégie le fragment et l'élémentaire. Des taches de lavis et des traits à l'encre débordante forment des zones limitrophes en remplacement du cadre, et créent pour le spectateur un horizon à l'intérieur de l'image. Ce qui a l'apparence d'un objet s'étale jusqu'aux bords, devient imprécis. En combinant des éléments abstraits, imprécis avec des reproductions explicites de formes, Dürer réussit à construire des œuvres d'une réalité créative qui stimulent doublement notre attention.

Par de simples applications de lavis et de glacis, où l'objet n'a que peu d'intérêt, les aquarelles servent davantage à provoquer une sensualité qu'à percevoir l'objet ; elles s'adressent davantage à notre sens méditatif qu'à notre raison.

Elles évoquent un état d'âme et en produisent aussi un chez le spectateur.

Albrecht Dürer

21 mai 1471 - 6 mars 1528

Biographie

La famille Dürer est originaire de Hongrie. Albrecht naît le 21 mai 1471 à Nuremberg d'un père orfèvre. Son parrain est le célèbre imprimeur Anton Koberger. Albrecht travaille tout d'abord dans l'atelier de son père, puis se décide pour le métier de peintre. De 1486 à 1489, il fait son apprentissage chez le peintre nurembourgeois Michael Wolgemut. Durant son tour de compagnonnage, obligatoire à l'époque, il séjourne dans le Haut-Rhin entre 1490 et 1494 (1491 Colmar, 1491-92 Bâle, 1493 Strasbourg) et semble-t-il aussi aux Pays-Bas. Sa collaboration à certaines œuvres illustrées de l'époque (par exemple la *Nef des fous*) a été attestée.

En 1494-95, il entreprend son premier voyage en Italie qui l'amène à Venise où il fait connaissance avec les principes de la peinture italienne. De ce voyage, datent certaines aquarelles de paysages connues, telles les *Vues de Nuremberg* et d'*Arco*.

A son retour, il installe un atelier à Nuremberg. En 1498 paraît sa première série de gravures sur bois, *l'Apocalypse,* qui lui vaut d'être surnommé «l'Apelle de la ligne», renommée que ses gravures sur bois ultérieures ne font que consolider. Vers 1500, il atteint un point culminant de la conscience de soi. Il se tourne, en naturaliste, vers l'étude des plantes et des animaux mais aussi vers celle des proportions humaines.

En 1505-07, un second voyage en Italie renforce son désir de rendre possible l'enseignement de l'art, à la manière des théoriciens italiens de l'époque.

Entre 1512 et 1519, son œuvre graphique est commanditée par l'empereur Maximilien Ier (*Arc de triomphe*, *Cortège triomphal, Le Grand Char de triomphe, Dessins en marge du livre d'heures de Maximilien Ier*).

Après un séjour d'un an, en 1520, aux Pays-Bas, où il étudie la matérialité de l'art primitif néerlandais, il semble délaisser la gravure pour se consacrer à la peinture. Parallèlement, son intérêt pour les problèmes touchant à la maîtrise de la réalité par la pratique du dessin, qu'il a brillamment résolus à travers son activité, s'exprime maintenant sous une forme discursive dans ses écrits théoriques.

Durant toute sa vie, Dürer n'a cessé de dessiner des gravures. Grâce à la grande virtuosité de ses dessins, il élève l'œuvre gravée au rang de tableau. (Gravures sur bois : *La Grande Passion,* 1496, 1510 ; *Vie de Marie*, 1501-11 ; *Petite Passion*, 1509-11. - Gravures sur cuivre : *La Passion gravée*, 1508-12 ; chefs-d'œuvre gravés : *Le Chevalier, la mort et le diable* 1513, *Saint Jérôme dans sa cellule,* 1514, *Melancolia I,* 1514.

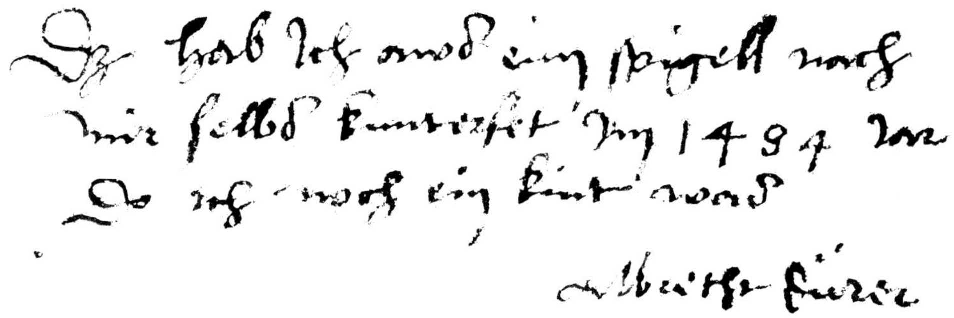
Dz hab ich aws eim spigell nach mir selbs kunterfet jm 1484 jor do ich noch ein kint was
Albrecht Dürer

Inspiré occasionnellement par l'humanisme allemand (au contact, par exemple, de son ami Willibald Pirckheimer), il met en forme des thèmes à la mesure de l'exégèse humaniste du monde (*Chevalier, mort et diable*, *Arc de triomphe pour l'empereur Maximilien I*, *Melancolia I*). Les principales commandes que recevait Dürer concernaient des thèmes christiques et des portraits.

Renouant avec des traditions de la fin du gothique, il crée une série de thèmes tels que celui de *La Vierge aux sept douleurs* (vers 1495, Dresde et Munich), *L'Autel de Dresde* (vers 1496, Dresde), *L'Autel de la famille Paumgartner* (entre 1498 et 1504, Munich) et *L'Adoration des mages* (1504, Florence).

Parmi les célèbres tableaux de dévotion, on compte *La Vierge et l'Enfant* (vers 1496, Washington), *La Fête du rosaire* (1506, Prague), *La Madone à la poire* (1512, Vienne) et *Saint-Jérôme* (1521, Lisbonne).

Pour l'art du portrait, Dürer définit de nouveaux critères. L'*Autoportrait au chardon* (1493, Louvre) est considéré comme le premier autoportrait autonome de la peinture européenne. Dans son *Autoportrait* de 1500 (Munich), il se présente dans une frontalité totale, ce qui ne s'était encore jamais vu à l'époque. A partir de 1490, Dürer peint des portraits à différentes époques de sa vie. *Portrait de son père* (1490, Florence), *Oswolt Krel* (1499, Munich), *Jeune Vénitienne* (1505, Vienne), *Michael Wolgemut* (1516, Nuremberg), *Hieronymus Holzschuher* et *Jakob Muffel* (1526, Berlin).

Dès 1500 l'artiste témoigne d'un intérêt croissant pour les proportions du corps humain. Après son deuxième voyage en Italie il réfléchit à la pédagogie de l'esthétique. Il écrit plusieurs traités : *Instructions sur la manière de mesurer avec la règle et le compas* (1525), un *Traité sur la fortification* (1527) et *Quatre livres des proportions humaines* (parus après sa mort en 1528).

Durant les dernières années de sa vie, il peint les *Quatre Apôtres,* qui couronnent son œuvre. Dans ces deux panneaux peints, la couleur et la ligne se marient dans une intimité extrême. Facture constructive rationnelle et sentiment, esprit protestant et croyance ancienne sont dans un rapport de tension harmonieux. Dans cette œuvre, Dürer a réussi à donner une unité intérieure à ce qu'il a réalisé toute sa vie dans ses eaux-fortes et ses dessins, dans ses gravures sur cuivre et sur bois, dans ses tableaux et ses écrits théoriques. A présent, cette tension entre donner forme et penser, entre imagination et raison, qui avait sa source dans la dualité de sa nature, de son environnement et de son époque, se divise clairement en deux sphères d'activité : les *Quatre Apôtres* sont à la sphère de l'activité créatrice ce que les *Quatre livres des proportions humaines* sont à la sphère de la réflexion artistique. C'est probablement la raison pour laquelle il y voyait lui-même son testament.

Friedrich Piel

1, *Autoportrait de 1484*

2,
Portrait du père

3,
Le Moulin des saules

pages suivantes

4,
Moulin à eau dans la montagne

5,
Un étang dans la forêt

6,
La Tréfilerie sur la Peignitz

7,
Vue de
Nuremberg

8,
La Passerelle à la porte des halles de Nuremberg

Page suivante
9,
Innsbruck (vue du Nord)

10,
La Cour du château d'Innsbruck

11,
La Cour du château d'Innsbruck

1495

AD

12,
Cavalier surpris par la mort

13,
Le Trophée de Bohême

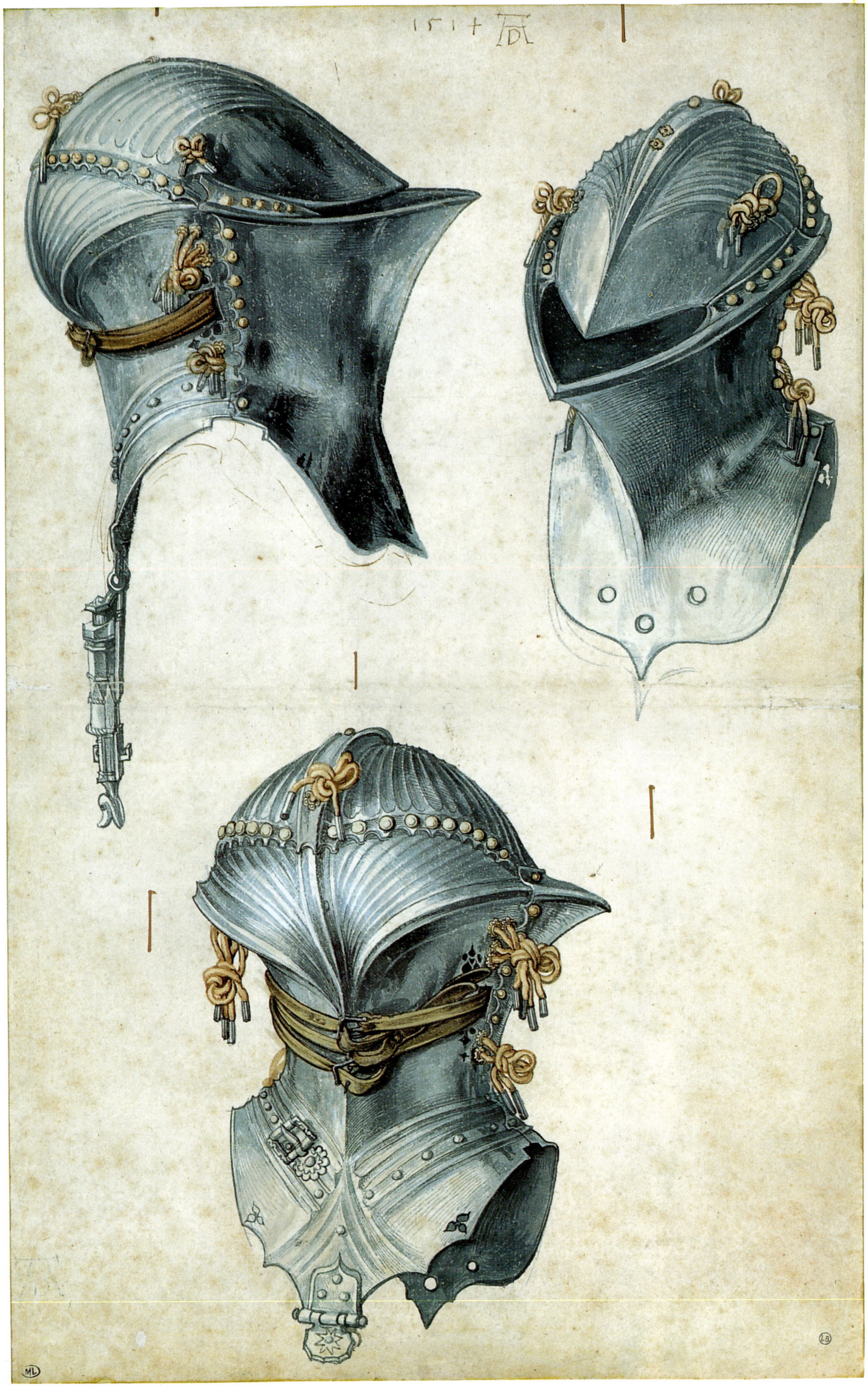

14,
Trois Études d'un casque

1508

15,
Étude d'un drapé

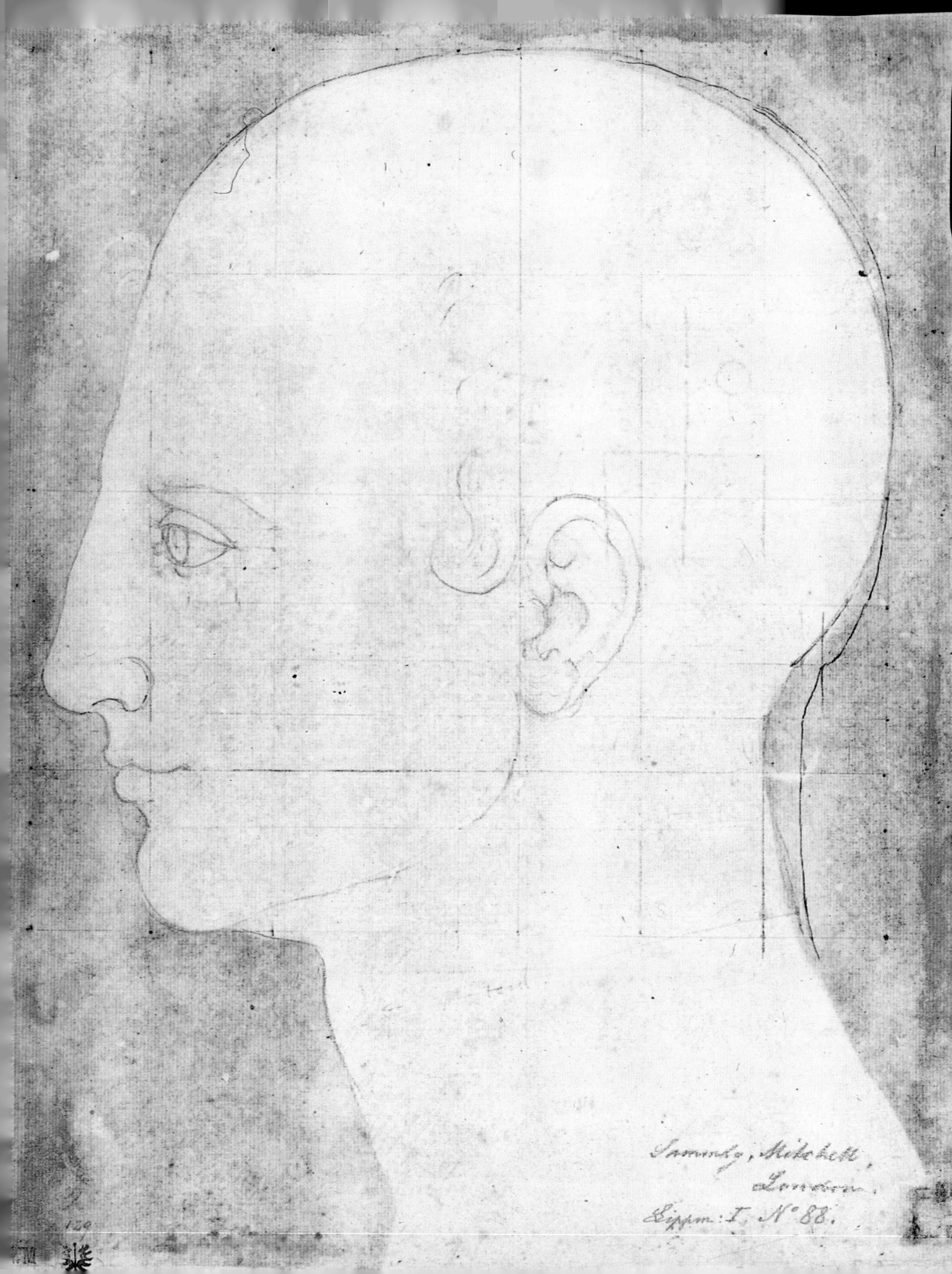

16, *Tête d'homme de profil*

17,
Adam et Ève

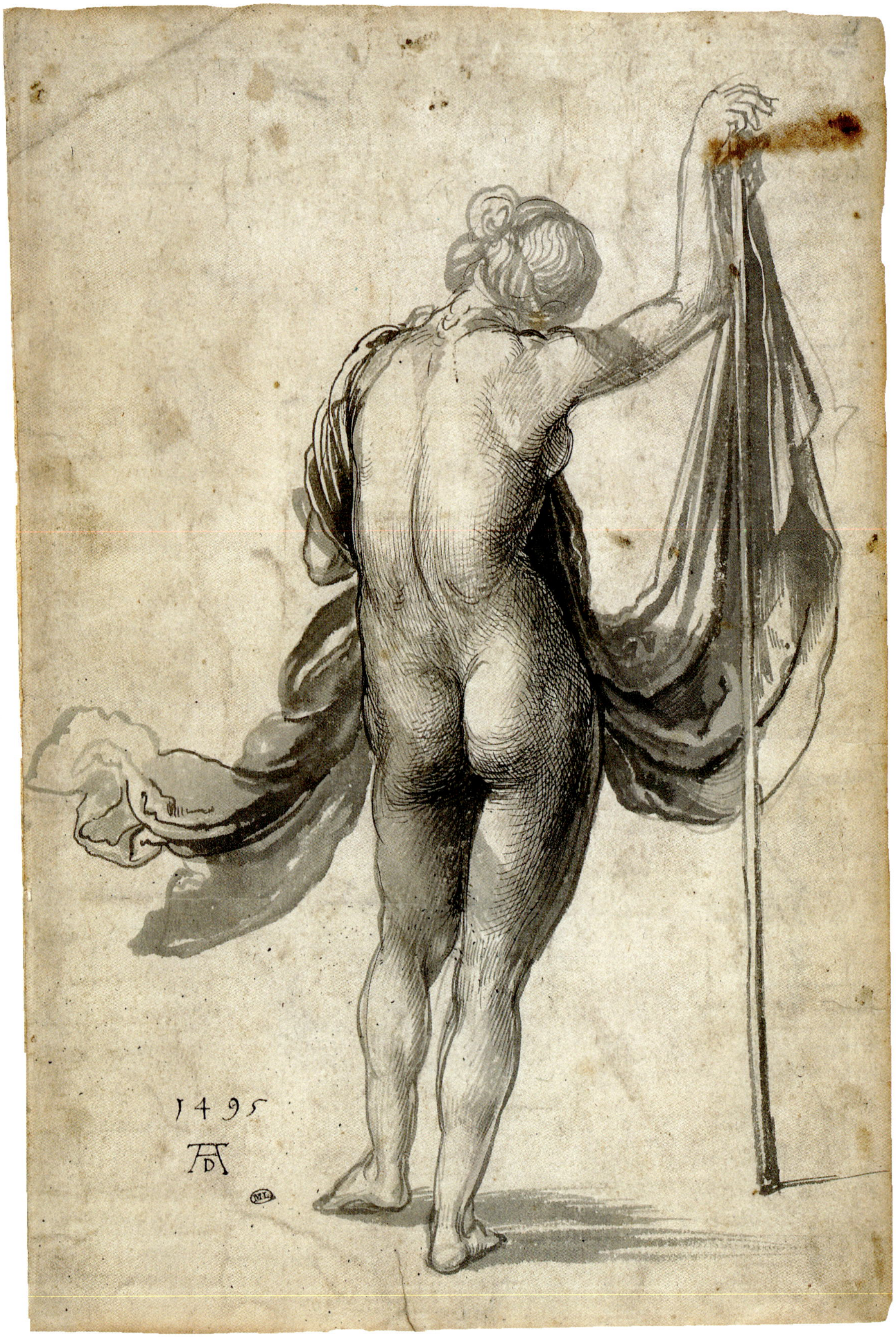

18,
Femme nue
vue de dos

19,
Autoportrait nu

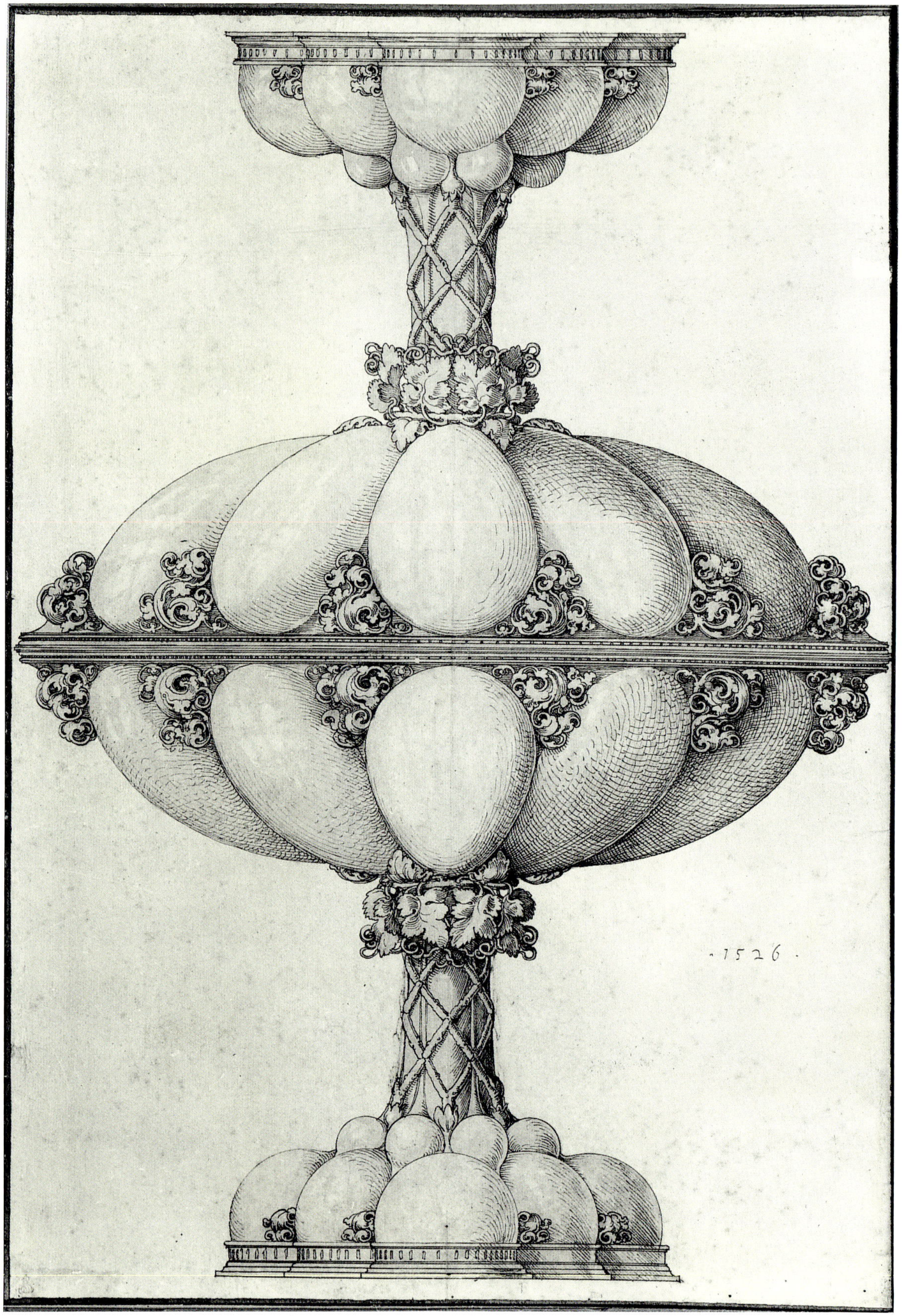

20,
Double Calice

Page suivante

21,
La Ville de Trente vue du Nord

22,
La Ville et le Château d'Arco

·1526·

23,
Dosso di Trento

24,
Le Château de Trente

1495

25,
Montagne welche
26,
Château welche
(Château de
Segonzano)

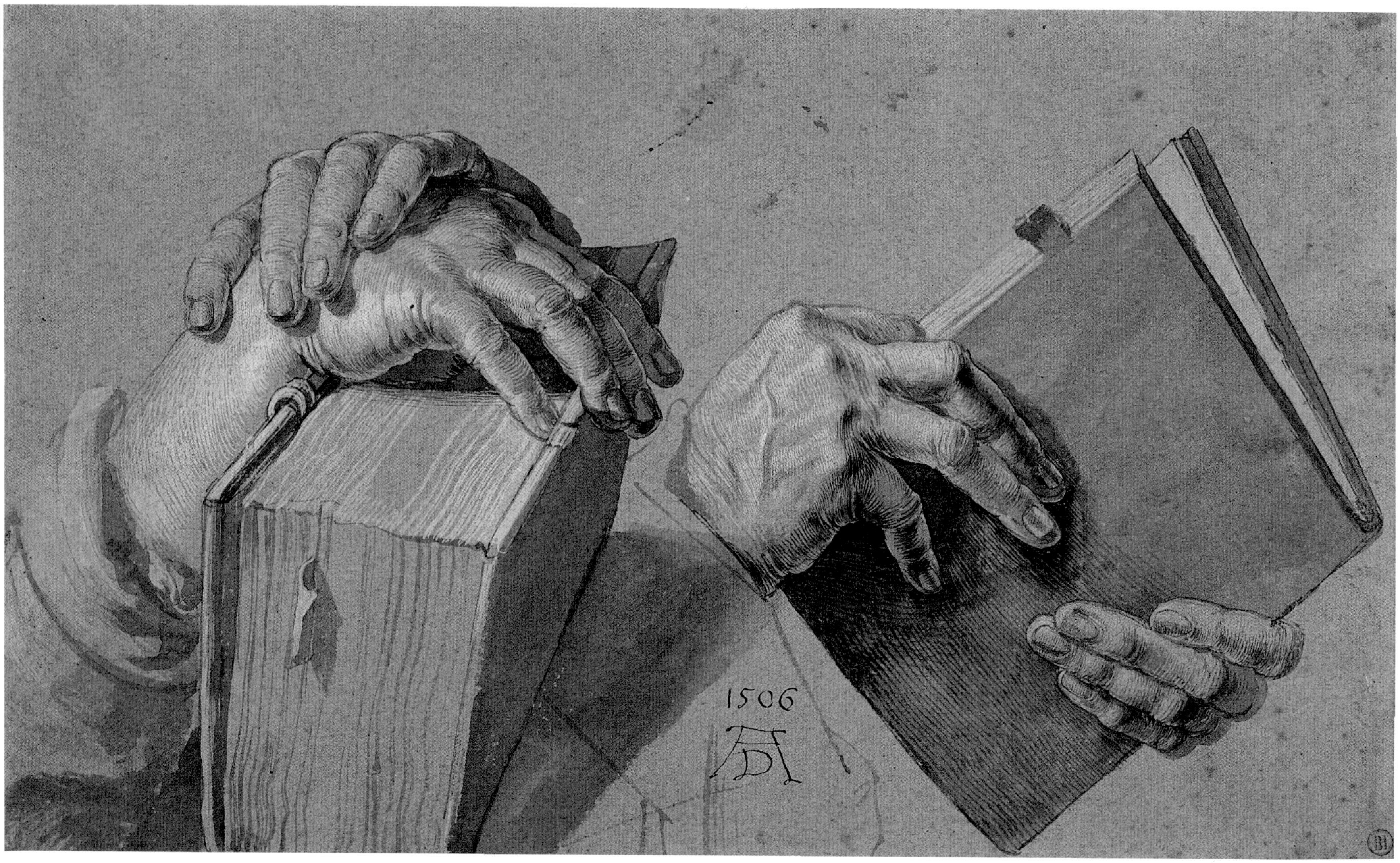
1506

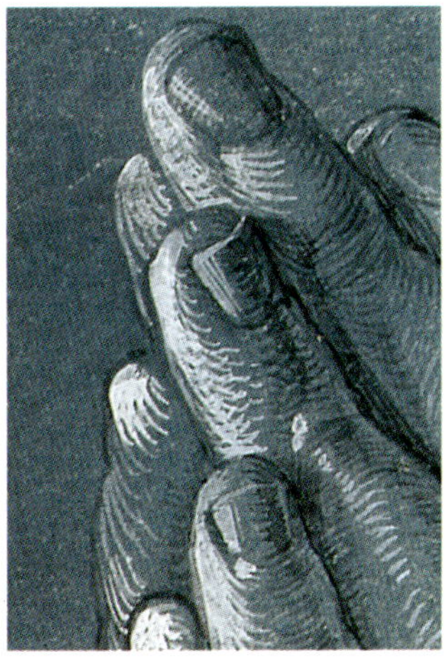

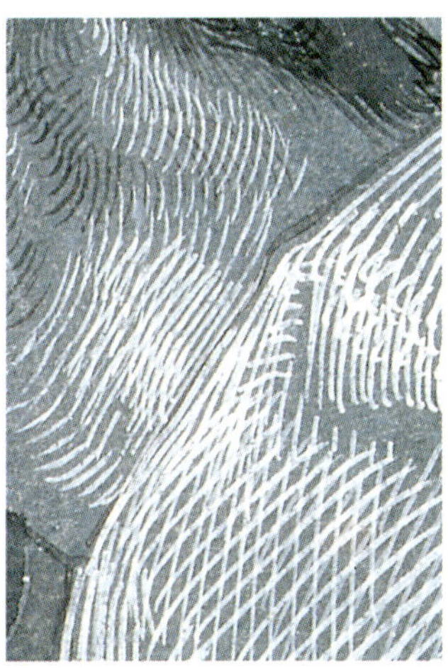

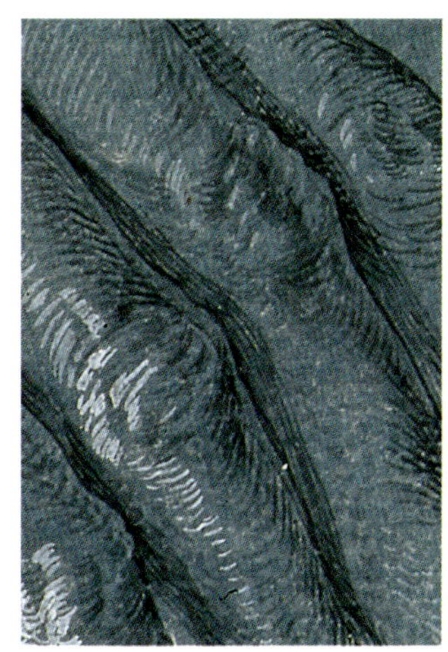

27,
Deux Paires de mains tenant des livres

28,
Études de mains (Étude préparatoire pour l'autel de Heller)

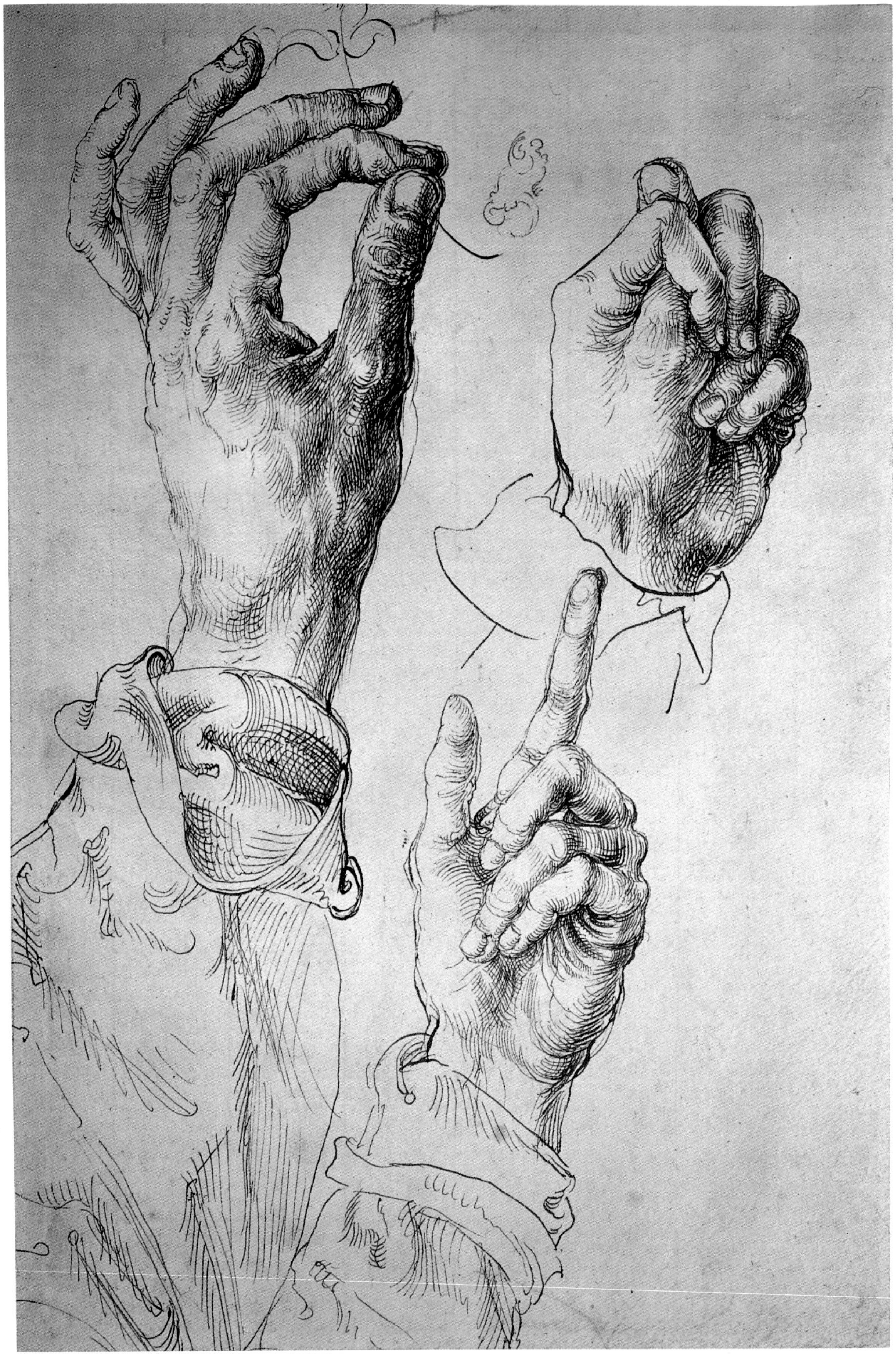

29,
Étude de trois mains

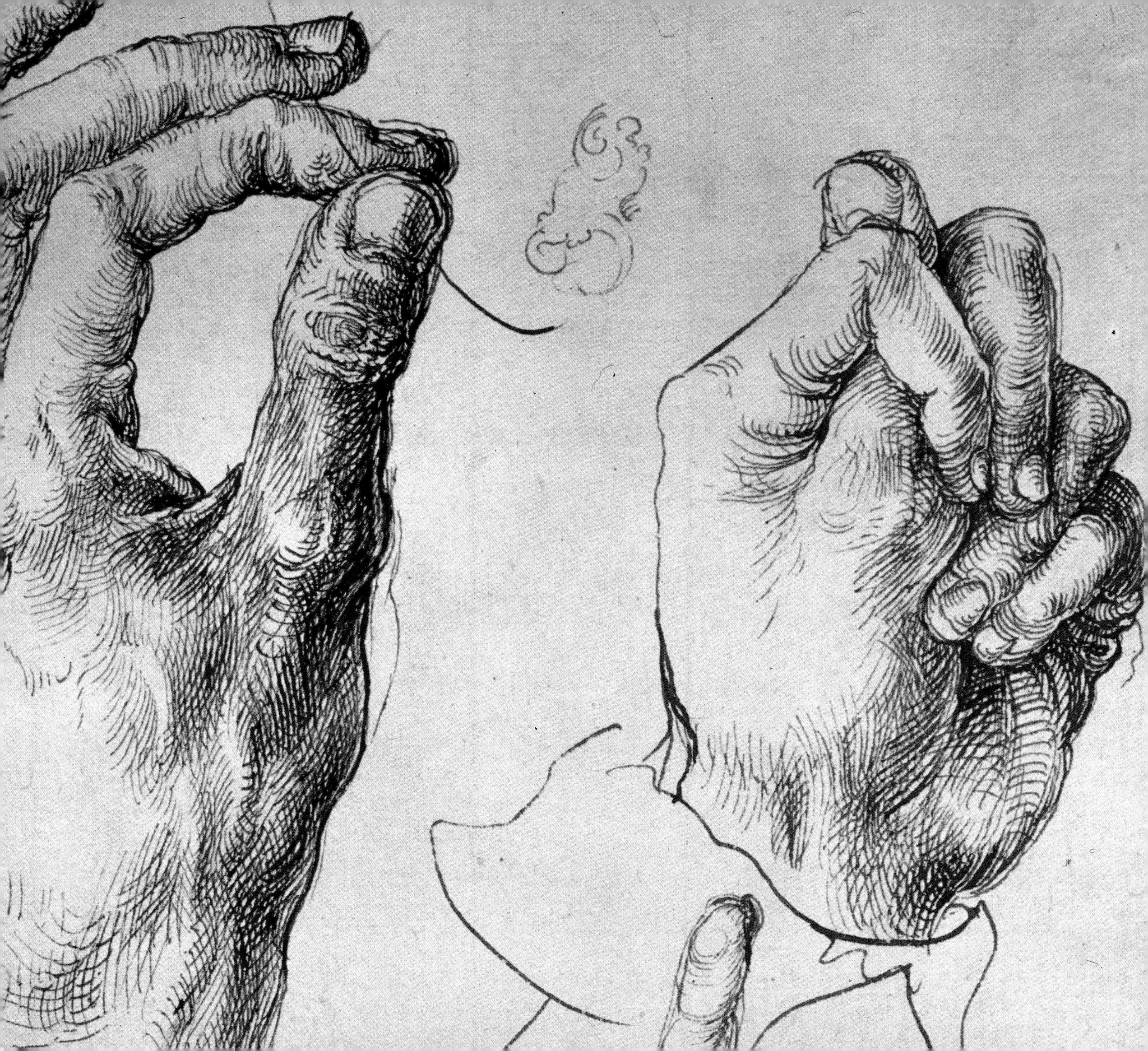

30,
Le Manteau du pape

31,
Fauteuil de cérémonie du cardinal Lang von Wellenburg

32, *La Petite Touffe d'herbe*

33, *Bouquet de violettes*

34, *La Grande Touffe d'herbe*

35,
Lys martagon
(Lilium martagon)

36,
Iris
(Iris troiana)

37, *Ancolie*
(Aquilegia vulgaris L.)

38,
Primevères
(Primula)

1521

1521

39,
Sainte Apolline

40,
Portrait d'une jeune fille

41,
Tête de Jésus adolescent

42,
Tête de
l'apôtre Marc

1508

1502

44, *(ci-contre)*
Le Lièvre

45,
Lucane cerf-volant
(Lucanus
cervus L.)

46,
Tête de chevreuil

47,
Chouette - effraie
(Syrnium aluco)

Pages suivantes
48,
Héron
49,
Aile de rollier d'Europe
(Corracias garrulus)

1515

50,
Rollier d'Europe
(Corracias garrulus)

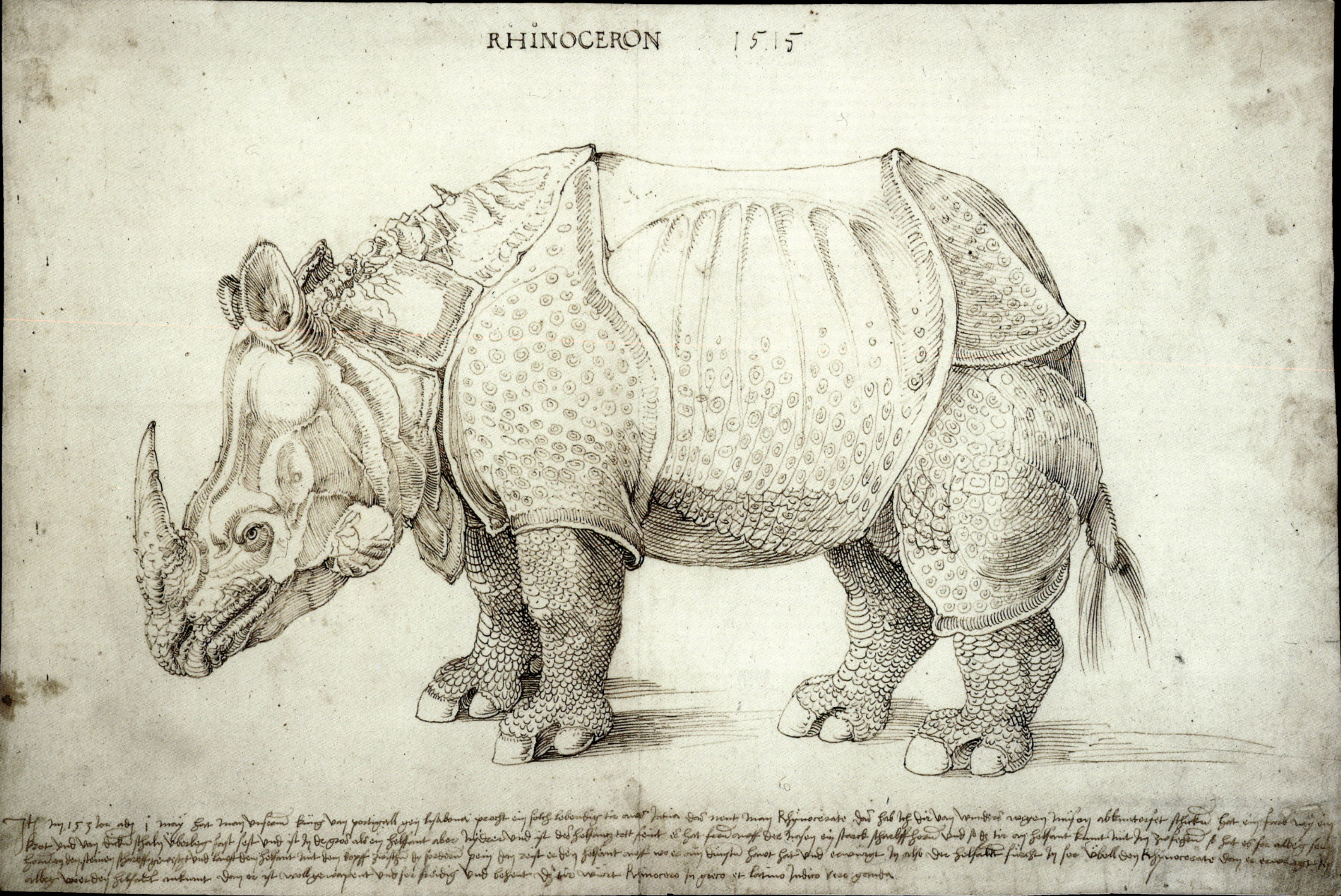
RHINOCERON 1515

D

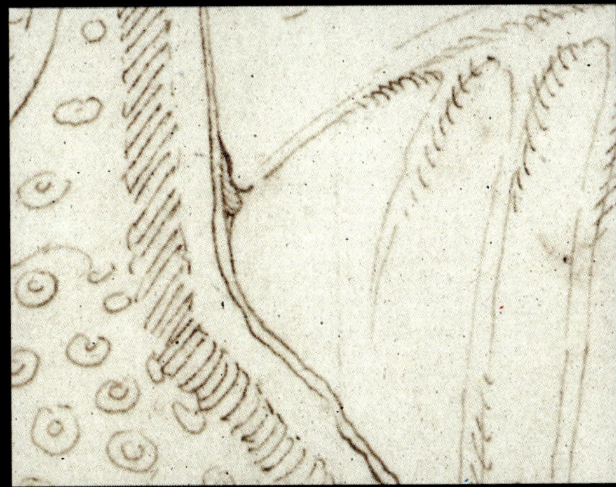

Ü

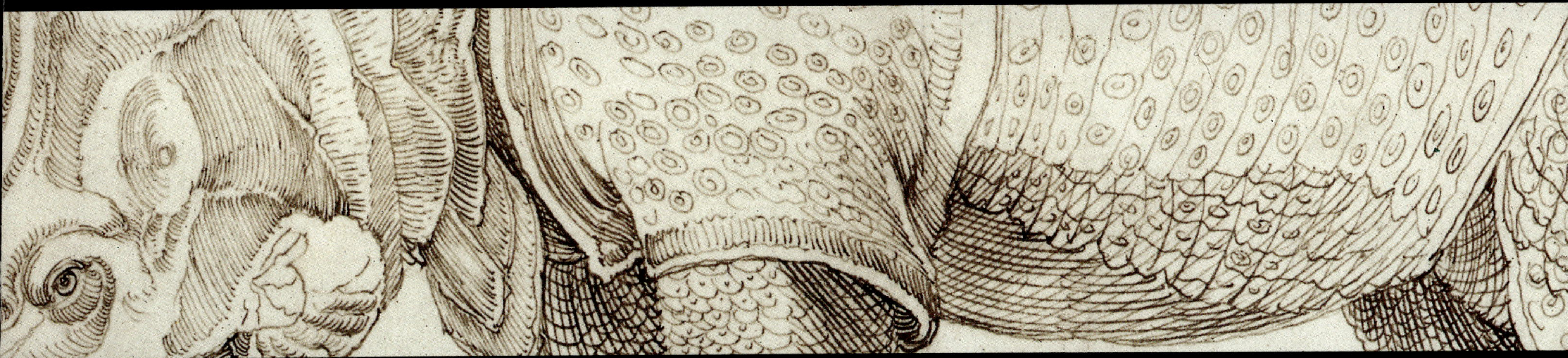

R

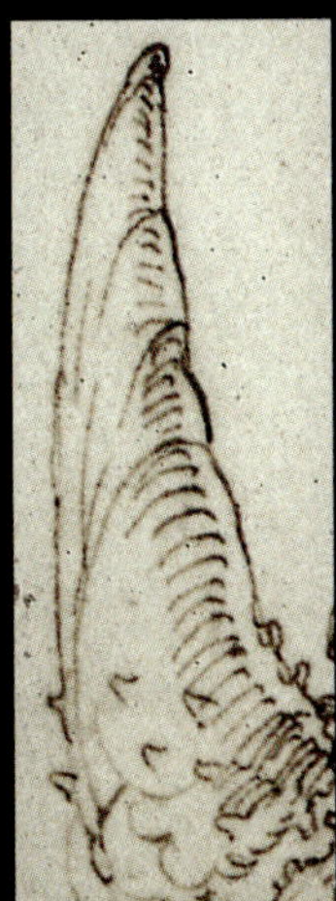

E

R

51,
Le Rhinocéros

52,
La Vallée près de Kalchreuth

53,
Maison isolée sur un étang

54.
Tilleul sur la saillie d'un bastion

1506

55,
Carrière (W 110)
56,
Carrière (W 111)

57,
Le cardinal Albrecht von Brandenburg

1520

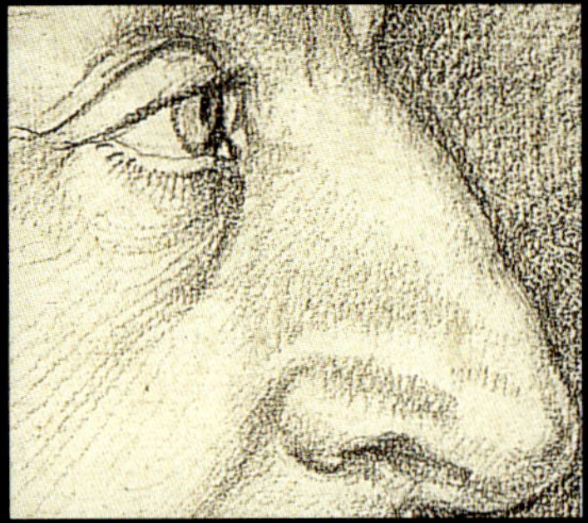

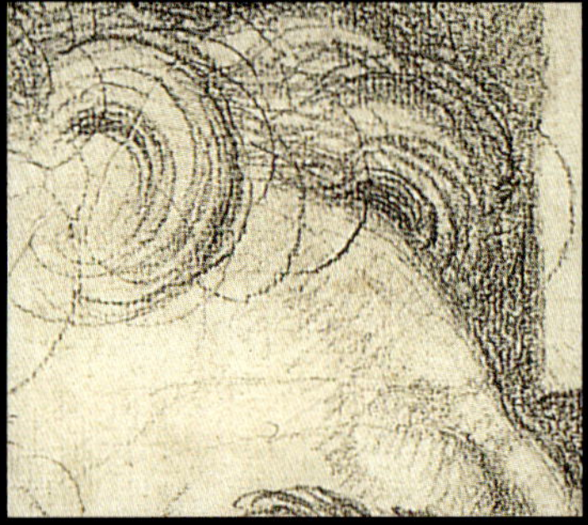

59,
Ulrich Stark 1527

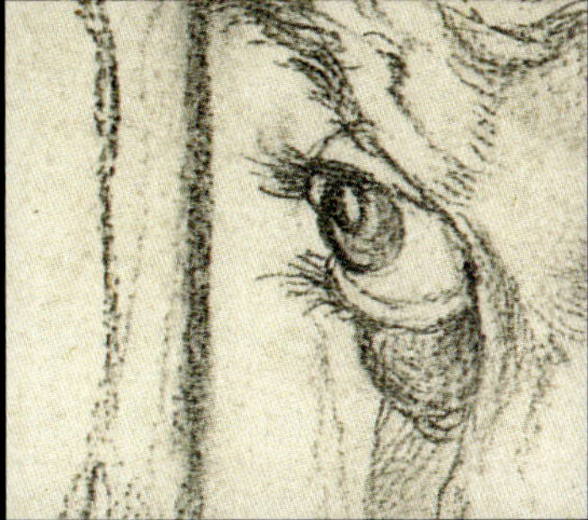

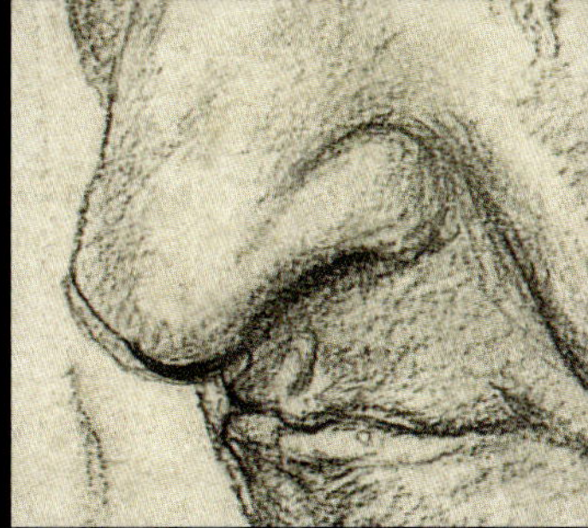

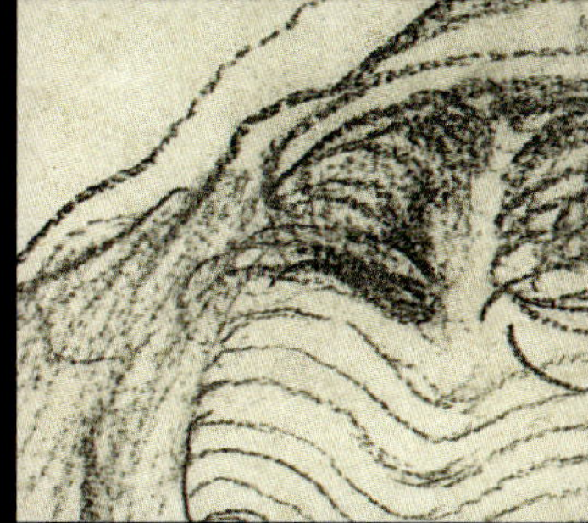

60,
La Mère de Dürer

61,
Portrait d'un architecte

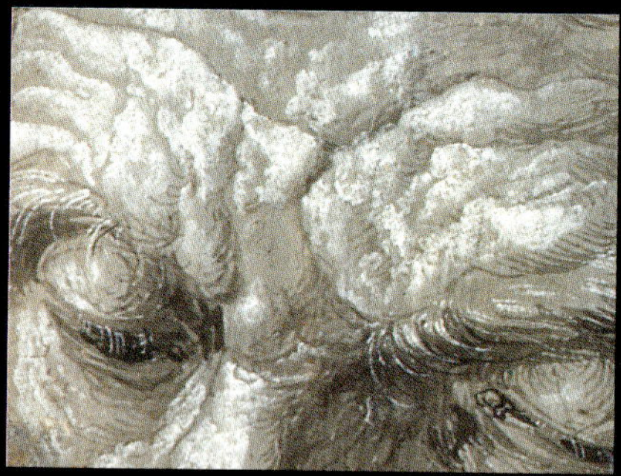

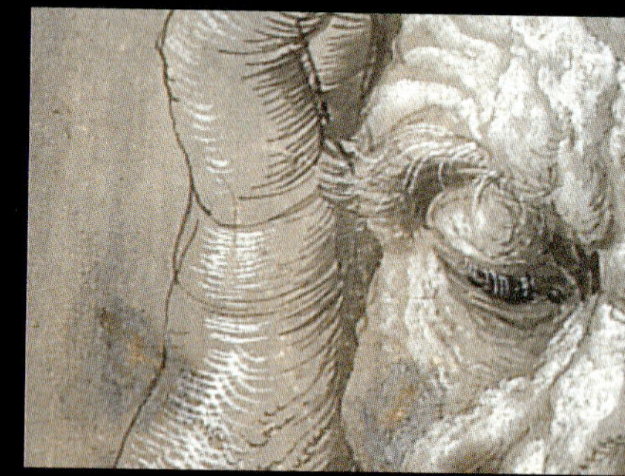

62,
Vieillard âgé de quatre-vingt-treize ans
63,
Portrait d'un jeune homme

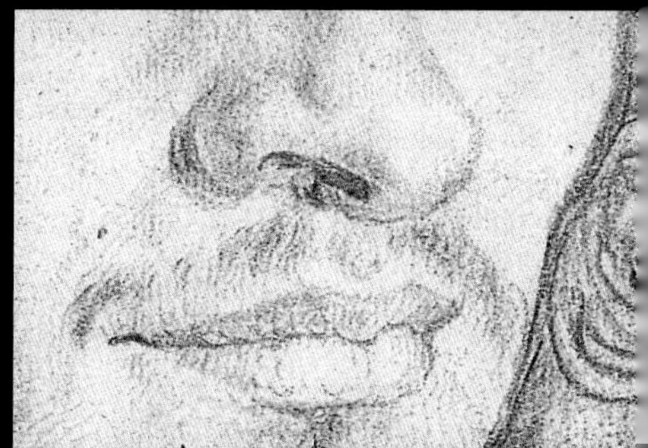

Bibliographie

La littérature internationale sur l'art de Dürer est exceptionnellement abondante. A titre de référence, ne sont cités ici que les ouvrages qui font autorité et certains titres concernant spécifiquement les dessins et les aquarelles.

I Ouvrages de caractère générale et monographies

Mathias Mende
Dürer-Bibliographie
Wiesbaden 1971

Friedrich Winkler
Albrecht Dürer, Leben und Werk
Berlin 1957

Heinrich Wölfflin
Die Kunst Albrecht Dürers
München 1963

Eduard Flechsig
Albrecht Dürer
Berlin 1928-29 (2 volumes)

Erwin Panofsky
Albrecht Dürer
Princeton N.J. 1948

II Catalogues et répertoires des œuvres

Hanz Tietze und Erika Tietze-Conrat
Kritisches Verzeichnis der Werke Albrecht Dürers
Basel und Leipzig 1936-1938 (3 volumes)

Friedrich Winkler
Albrecht Dürer
Des Meisters Gemälde, Kupferstiche und Holzschnitte
Stuttgart 1928

Joseph Meder
Dürer-Katalog
Ein Handbuch über Albrecht Dürers Stiche, Radierungen, Holzschnitte, deren Zustände, Ausgaben und Wasserzeichnen
Wien 1932

Fedor Anzelewski
Albrecht Dürer, das malerische Werk
Berlin 1990

Friedrich Piel
Albrecht Dürers sämtliche Holzschnitte
Hamburg 1968

Walter L. Strauss
Albrecht Dürer. Intaglio Prints, Engravings, Etchings and Drypoints
New York 1975

Walter L. Strauss
Albrecht Dürer. Woodcuts and Woodblocks
New York 1980

Peter Strieder
Dürer
Mit Beiträgen von G. Goldberg, J. Harnest und M. Mende
Königstein 1981

La Gloire de Dürer
Colloque organisé par la Faculté des Lettres et des Sciences Humaines de l'Université de Nice
Paris 1974

III Titres sur les dessins et aquarelles

Eduard Flechsig und Friedrich Winkler
Zeichnungen von Albrecht Dürer in Nachbildungen
Berlin 1883-1929

Friedrich Winkler
Die Zeichnungen Albrecht Dürers
Berlin 1936-1939 (4 volumes)

Walter F. Strauss
The Complete Drawings of Albrecht Dürer
New York 1972 (6 volumes)

Walter Koschatzky und Alice Strobl
Die Dürerzeichnungen der Albertina
Salzburg 1971

Walter Koschatzky
Albrecht Dürer - Die Landschaftsaquarelle. Örtlichkeit, Datierung, Stilkritik
München 1971

Friedrich Piel
Albrecht Dürer, Aquarelles et Dessins
Paris 1990

IV Ouvrages théoriques

Hans Rupprich
Dürers schriftlicher Nachlaß
Berlin 1956-1969 (3 volumes)

Erwin Panofsky
Dürers Kunsttheorie
Berlin 1915

Albrecht Dürer

Aquarelles et dessins

Les œuvres du présent catalogue sont, dans l'ensemble, classées par ordre chronologique. Les dimensions sont indiquées en millimètres.
Dans la mesure du possible, les numéros d'inventaire ont été précisés.
STR renvoie au répertoire des œuvres de Dürer qui a cours actuellement :
WALTER STRAUSS,The Complete Drawings of Albrecht Dürer, New York 1974 (six volumes).
Les numéros correspondent aux propositions de datation de Walter Strauss, auxquelles nous nous associons en règle générale.
Strauss propose une bibliographie exhaustive qui réserve une place particulière aux aquarelles et aux dessins.

intro, p. 2, *Autoportrait vers 20 ans*
204 x 208, Strauss 1491-9
Erlangen, Bibliothèque de l'Université

1, p. 10, *Autoportrait de 1484*
275 x 196, Strauss 1484-1
Vienne, Albertina, (4839 Do 30)

2, p. 11, *Portrait du père*
284 x 212, Strauss 1484-4
Vienne, Albertina, (4846 D 25)

3, p. 12, *Le Moulin des saules*
251 x 367, Strauss 1496-7
Paris, Bibliothèque Nationale

4, p. 14, *Moulin à eau dans la montagne*
134 x 131, - 103, Strauss 1495-39
Berlin, Kupferstichkabinett (KdZ 3369)

5, p. 15, *Un étang dans la forêt*
262 x 374, Strauss 1496-4
Londres, British Museum (5218/167)

6, p. 16-17 *La Tréfilerie sur la Peignitz*
286 x 426, Strauss 1494/3
Berlin, Kupferstichkabinett (KdZ, 4)

7, p. 18, *Vue de Nuremberg*
164 x 344, Strauss 1496-1
Brême, Kunsthalle

8, p. 20, *La Passerelle à la porte des halles de Nuremberg*
160 x 322, Strauss 1496-12
Vienne, Albertina (3065 D 43)

9, p. 23, *Innsbruck (vue du Nord)*
127 x 187, Strauss
Vienne, Albertina, (3056 D 56)

10, p. 24, *La Cour du château d'Innsbruck*
368 x 270, Strauss 1494-9
Vienne, Albertina (3057 D 39)

11, p. 25, *La Cour du château d'Innsbruck*
335 x 267, Strauss 1494-10
Vienne, Albertina (3058 D 38)

12, p. 28, *Cavalier surpris par la mort*
242 x 162, Strauss xw.161
Francfort, Städel (1942)

13, p. 29, *Le Trophée de Bohême*
434 x 305, Strauss 1518-6
Vienne, Albertina

14, p. 30, *Trois Études d'un casque*
422 x 268, Strauss 1495-49
Paris, Louvre (R.F. 5640)

15, p. 33, *Étude d'un drapé*
256 x 196, Strauss 1508/11
Paris, Louvre (18.597)

16, p. 34, *Tête d'homme de profil*
243 x 189, Strauss HP: 1513/14
New York, J. Pierpont Morgan Library

17, p. 35, *Adam et Ève*
242 x 201, Strauss 1504-17
New York, J. Pierpont Morgan Library

18, p. 36, *Femme nue vue de dos*
320 x 210, Strauss 1495-10
Paris, Louvre (19.058)

19, p. 37, *Autoportrait nu*
292 x 154, Strauss 1503-18
Weimar, Collection d'art

20, p. 38, *Double Calice*
429 x 293, Strauss 1526-12
Vienne, Albertina (3185 D 162)

21, p. 40, *La Ville de Trente vue du Nord*
237 x 358, Strauss 1495-33
Brême, Kunsthalle

22, p. 41, *La Ville et le Château d'Arco*
221 x 221, Strauss 1495-31
Paris, Louvre (18 579)

23, p. 42, *Dosso di Trento*
168 x 212, - 97, Strauss 1495-34
Brême, Kunsthalle

24, p. 42, *Le Château de Trente*
198 x 257, Strauss 1495-32
Londres, British Museum (1895-9-15-975)

25, p. 44, *Montagne welche*
210 x 312, Strauss 1495-37
Oxford, Ashmolean Museum

26, p. 45, *Château welche (Château de Segonzano)*
191 x 139, - 101, Strauss 1495-36
Berlin, Kupferstichkabinett (KdZ 24 622)

27, p. 46, *Deux Paires de mains tenant des livres*
249 x 415, Strauss 1506-37
Nuremberg, Germanisches Nationalmuseum
(Hz 5481)

28, p. 47, *Étude de mains (Étude préparatoire pour l'autel de Heller)*
290 x 197, Strauss 1508-9
Vienne, Albertina (313 D 95)

29, p. 48, *Étude de trois mains*
270 x 180, Strauss 1493-8
Vienne, Albertina (26.327 D 35)

30, p. 50, *Le Manteau du pape*
427 x 288, Strauss 1506-30
Vienne, Albertina (3102 D 77)

31, p. 50, *Fauteuil de cérémonie du cardinal Lang von Wellenburg*
287 x 170, Strauss 1521-64
Brunswick, Musée Herzog-Anton-Ulrich

32, p. 52, *La Petite Touffe d'herbe*
117 x 150, Strauss 1503-30
Vienne, Albertina (3077 D 52)

33, p. 53, *Bouquet de violettes*
117 x 104, Strauss 1503-31
Vienne, Albertina
(3076 D 53)

34, p. 54, *La Grande Touffe d'herbe*
410 x 315, Strauss 1503-29
Vienne, Albertina (3073 D 49)

35, p. 56, *Lys martagon (Lilium martagon)*
540 x 180, Strauss 1495-30
Brême, Kunsthalle

36, p. 57, *Iris (Iris troiana)*
Hauteur env. 600, Strauss 1495-27
Madrid, Monastère de San Lorenzo el Real de el Escorial

37, p. 58, *Ancolie (Aquilegia vulgaris L.)*
363 x 292, Strauss 1503-33, vers 1503
Vienne, Albertina (3182 D 159)

38, p. 59, *Primevères (Primula)*
192 x 168, Strauss 1503-37
Washington, National Gallery of Art
(The Armand Hammer Collection)

39, p. 60, *Sainte Apolline*
414 x 228, Strauss 1521-23
Berlin, Kupferstichkabinett

40, p. 61, *Portrait d'une jeune fille*
423 x 294, Strauss 1515-52
Stockholm, Nationalmuseum (1855/1863)

41, p. 62, *Tête de Jésus adolescent*
175 x 211, Strauss 1506/34
Vienne, Albertina (3106 D 35)

42, p. 64, *Tête de l'apôtre Marc*
373 x 264, Strauss 1526-3
Berlin, Kupferstichkabinett
(KdZ 46)

43, p. 65, *Tête d'un nègre*
320 x 218, Strauss 1508-24
Vienne, Albertina (3122 D 119)

44, p. 66, *Le Lièvre*
251 x 226, Strauss 1502-2
Vienne, Albertina (3073 D 49)

45, p. 67, *Lucane cerf-volant (Lucanus cervus L.)*
142 x 115, Strauss 1505-15, vers 1505
Malibu, The Paul Getty Museum

46, p. 68, *Tête de chevreuil*
228 x 166, Strauss 1500-36
Bayonne, Musée Bonnat (1271/655)

47, p. 69, *Chouette - effraie (Syrnium aluco)*
192 x 140, Strauss ?, vers 1502
Vienne, Albertina (3123 D 165)

48, p. 70, *Héron*
267 x 347, Strauss 1502-4
Berlin, Kupferstichkabinett (KdZ 17 654)

49, p. 71, *Aile de rollier d'Europe (Corracias garrulus)*
197 x 200, Strauss 1502-10
Vienne, Albertina (4840 D 104)

50, p. 74, *Rollier d'Europe (Corracias garrulus)*
280 x 200, Strauss 1502-11
Vienne, Albertina (3133 D 105)

51, p. 76, *Le Rhinocéros*
274 x 420, Strauss 1515-57
Londres, British Museum (5218/161)

52, p. 78, *La Vallée près de Kalchreuth*
103 x 316, Strauss 1500-9
Berlin, Kupferstichkabinett (KdZ 5)

53, p.79, *Maison isolée sur un étang*
213 x 222, Strauss 1496-6
Londres, British Museum
(5218/167)

54, p. 80, *Tilleul sur la saillie d'un bastion*
343 x 267, Strauss 1494-5
Rotterdam, Museum Boymans van Beuningen
(MB 1958-428)

55, p. 82, *Carrière (W 110)*
225 x 287, Strauss 1494/19
Londres, British Museum (5218/116)
Collection Sloane.

56, p. 83, *Carrière (W 111)*
214 x 168, Strauss 1495/40
Berlin, Kupferstichkabinett
(KdZ 15388)

57, p. 84, *Le cardinal Albrecht von Brandenburg*
428 x 322, Strauss 1518-23
Vienne, Albertina
(4853 D 125)

58, p. 85, *Érasme de Rotterdam 1520*
373 x 271, Strauss 1520-16
Paris, Louvre
(R.F. 4.113)

59, p. 86, *Ulrich Stark 1527*
410 x 296, Strauss 1527-1
Londres, British Museum
(5218/51)

60, p. 87, *La Mère de Dürer 1514*
421 x 303, Strauss 1514-1
Berlin, Kupferstichkabinett
(KdZ 22)

61, p. 88, *Portrait d'un architecte*
391 x 266, Strauss 1506-9
Berlin, Kupferstichkabinett
(KdZ, 2274)

62, p. 90, *Vieillard âgé de quatre-vingt-treize ans,*
420 x 282, Strauss 1521-3
Vienne, Albertina
(31647 D 144)

63, p. 91, *Portrait d'un jeune homme*
Strauss 1521-28
Londres, British Museum

64, p. 95, *Agnes Dürer,*
156 x 98, Strauss 1494-7
Vienne, Albertina
(3063 D 32)

Conception graphique : Alessandra Scarpa

Dépôt légal : 1994